Analyse de l'œuvre

Par Maël Tailler et Célia Ramain

Le Lion

de Joseph Kessel

lePetitLittéraire.fr

Rendez-vous sur lepetitlitteraire.fr et découvrez :

Plus de 1200 analyses
Claires et synthétiques
Téléchargeables en 30 secondes
À imprimer chez soi

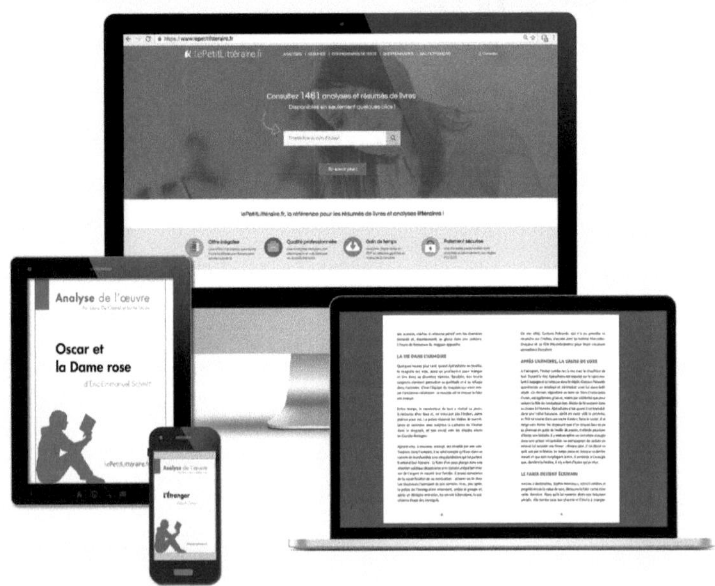

JOSEPH KESSEL

ROMANCIER ET JOURNALISTE FRANÇAIS

- **Né en 1898 en Argentine**
- **Décédé en 1979 en France**
- **Quelques-unes de ses œuvres :**
    - *L'Équipage* (1923), roman
    - *Les Captifs* (1926), roman
    - *Les Cavaliers* (1967), roman

Joseph Kessel est un écrivain et journaliste français. Considéré comme l'un des premiers grands reporters, il a passé sa vie à écrire et à voyager à travers le monde. Engagé volontaire lors de la Première Guerre mondiale (1914-1918), il tirera de son expérience *L'Équipage* (1923), son premier succès romanesque.

Il a entre autres écrit *Les Captifs* (1926, grand prix de l'Académie française), *Belle de jour* (1928, adapté au cinéma par Luis Buñuel), *L'Armée des ombres* (une chronique de la Résistance à laquelle il prit part, parue en 1943), ou encore *Les Cavaliers* (1967). Il s'est éteint en 1979.

LE LION

ENTRE LA VIE SAUVAGE ET LA CIVILISATION

- **Genre :** roman
- **Édition de référence :** *Le Lion*, Paris, Gallimard, coll. « Folio », 1958, 304 p.
- **1ʳᵉ édition :** 1958
- **Thématiques :** racisme, civilisation, animaux, amitié, nature

Parfois qualifié d'inclassable en raison de sa rupture avec la recherche formelle avant-gardiste qui domine à l'époque, *Le Lion* évoque dans une langue claire et simple le séjour d'un voyageur dans une réserve naturelle au pied du Kilimandjaro. Celui-ci est le témoin d'une relation particulière entre Patricia, la fillette d'un couple de colons anglais établis au Kenya, et son lion, King, qu'elle a élevé.

Le roman, chargé symboliquement et doté d'une portée anthropologique, fait également écho à plusieurs préoccupations contemporaines : le choc entre la civilisation occidentale et les cultures traditionnelles, le racisme envers les indigènes, etc. De son propre aveu, Kessel l'a écrit à la suite d'un séjour dans la réserve naturelle d'Amboseli (Kenya).

RÉSUMÉ

UNE RENCONTRE INATTENDUE

L'aube se lève sur le Kilimandjaro. Non loin de là, dans une réserve naturelle kenyane, un voyageur originaire de Paris s'enfonce dans la nature sauvage. Il est arrêté par Patricia Bullit, une fillette solitaire dont le père n'est autre que l'administrateur de cette zone inaccessible aux touristes. Ils discutent, et une amitié nait entre l'homme et la fillette, qui prétend pouvoir parler aux animaux. Une légende raconte d'ailleurs qu'elle serait la fille d'un lion. Il faut dire qu'elle est amie avec un membre de cette espèce, surnommé King.

Le voyageur fait ensuite la rencontre des parents de la petite : Sybil Bullit est une Anglaise âgée d'une trentaine d'années qui vit recluse dans la demeure coloniale de son mari, John Bullit, un colon anglais à l'allure sauvage qui est par ailleurs un ancien chasseur et braconnier. En discutant, l'inconnu comprend qu'un dilemme déchire le couple : Sybil souhaite envoyer leur fille étudier en France, mais John s'y oppose car il sait que Patricia ne supporterait pas d'être arrachée à son petit paradis sauvage. Le voyageur, sensible à la beauté du lieu, comprend le point de vue de son hôte et se garde bien de dire à Sybil qu'il a rencontré la fillette seule au beau milieu de la jungle. John l'en remercie en le raccompagnant.

En passant par le village nègre, ce dernier est averti par un ranger qu'un groupe de Masaïs traverse la réserve. L'administrateur est inquiet car ceux-ci sont réputés pour être de redoutables guerriers qui ne se plient pas volontiers aux règles. Les deux hommes arrivent enfin au camp. Ils parlent du départ prochain du narrateur. John est déçu car il sent que son hôte n'est pas un vulgaire touriste. Il évoque ensuite sa désobéissance à son père : il a refusé de rentrer en Angleterre pour continuer à chasser au Kenya. On l'appelait Bull Bullit.

Dans l'après-midi, le narrateur visite la réserve sous l'œil d'un ranger. Frustré de ne pouvoir s'aventurer hors des sentiers officiels pour contempler la nature luxuriante et sauvage, il décide de rentrer au camp. Alors qu'il admire le crépuscule, deux Masaïs surgissent. Le narrateur est fasciné par l'un d'eux, Oriounga, le morane (ce terme désigne un jeune guerrier masaï en passe de devenir adulte et qui, de ce fait, jouit de nombreux privilèges), qui refuse pourtant de le saluer.

LA FILLE DU LION

Le soir même, il se rend chez les Bullit : Sybil s'est mise sur son trente-et-un pour le recevoir. Mais l'ambiance est tendue : la nuit tombe, et Patricia n'est toujours pas rentrée parce qu'elle attend la venue de King, son ami le lion. John, mal à l'aise dans son costume tente de distraire l'assemblée avec ses histoires de chasse. Soudain, un puissant rugissement retentit. Patricia arrive quelques instants plus tard avec Kihoro, un ranger chargé de la surveiller discrètement. De retour au camp, le voyageur décide de retarder son départ. Il attend seul dans sa hutte toute la nuit que quelqu'un ou quelque chose lui révèle le sens de sa présence, en vain.

Le lendemain, Patricia surgit dans sa hutte et devine aussitôt ce qui le retient dans la réserve : il veut voir King. Ils se rendent aussitôt dans la jungle, escortés de Bogo, l'homme de main du narrateur, et de Kihoro, l'homme chargé de veiller sur Patricia. Là, le voyageur assiste à une scène aussi belle qu'incroyable : la petite fille joue entre les pattes du grand fauve sans la moindre crainte. Grâce à elle, il parvient à être accepté par le lion. C'est un des plus beaux moments de sa vie.

Plus tard, alors que le protagoniste continue sa visite de la réserve avec John et sa fille, King les rejoint. Le narrateur assiste alors à une scène de jalousie entre deux lionnes (les partenaires de King) et Patricia. L'animal affiche sa fidélité à la gamine, sous l'œil d'Oriounga, caché dans un bosquet. Celui-ci désire demander la petite fille en mariage.

Sur le chemin du retour, le petit groupe rencontre un groupe de Masaïs : insolent, Oriounga refuse de s'écarter pour laisser passer la jeep. Le soir venu, le voyageur retourne prendre le thé chez ses hôtes. L'ambiance est cette fois plus amicale et détendue. Sybil lui présente un album photo de sa jeunesse en Europe, tandis que John lui montre des clichés de King petit. La famille semble ainsi avoir retrouvé son équilibre et, alors qu'il est de retour dans sa hutte, John, puis Patricia lui rendent visite : la fillette lui demande de se lever à l'aube pour épier les Masaïs.

DES TENSIONS NAISSANTES

Le lendemain, il observe donc cette tribu semi-nomade et certains de ses rites. Sur le chemin du retour, une image retient son attention : des guépards dévorant les restes d'un zèbre. De retour au camp, John Bullit s'inquiète à nouveau. En effet, des Wakambas (une ethnie locale) se plaignent car les Masaïs leur auraient volé des vaches. John règle le conflit, mais la tension est palpable. Oriounga abat alors une bête d'un coup de javelot. La discussion est close.

Alors que le voyageur médite dans sa hutte sur les intentions du morane, il pressent une catastrophe. À l'aube, il rejoint Patricia et tous deux repartent dans la réserve, où ils rencontrent Oriounga qui fait sa demande à la jeune fille. Avant de répondre, elle souhaite consulter King. Ils vont donc voir le lion, qui grogne à l'arrivée du morane, son éternel ennemi. Celui-ci les quitte sur une menace : « La prochaine fois, il aura sa lance » (p. 202), annonce-t-il. Au camp, Sybil rend visite au narrateur et lui demande de convaincre Patricia de quitter la jungle, car elle aussi pressent un drame.

Plus tard, les Bullit, quelques rangers et le narrateur sont invités à une cérémonie, faite de chants et de danses, à laquelle participent tous les Masaïs pour célébrer la mort de leur chef. Au cours de celle-ci, Oriounga demande officiellement Patricia en mariage. Sybil, très crispée, souhaite partir. John reste seul sur place pour désamorcer la situation : il espère que les Masaïs quitteront la réserve avant qu'Oriounga ne s'entête. Mais, le lendemain, dans la savane, un funeste duel oppose King et Oriounga, venu seul affronter le lion. Il lance son javelot et touche King au flanc. Patricia, horrifiée, lâche le lion, qui bondit sur son adversaire. Au même moment, John et Kihoro sautent de leur jeep. John arrache le fusil des mains du ranger resté passif et abat le lion pour tenter de sauver la vie d'Oriounga. Le combat se termine donc sur la mort des deux adversaires. Profondément touchée par le drame qui vient de se jouer sous ses yeux, Patricia éprouve en outre de la colère à l'égard de son père et de Kihoro, dont elle découvre qu'il la suivait partout.

Le soir même, lui, Bogo et Patricia font route vers Nairobi : la fillette a elle-même demandé à partir en pension. Mais, quand ils passent à hauteur du cadavre de King, elle hésite une dernière fois à sauter de la voiture en marche pour aller se recueillir. Elle y renonce toutefois et fond en larmes dans les bras du narrateur.

ÉTUDE DES PERSONNAGES

SYBIL BULLIT

Sybil Bullit est une bourgeoise anglaise matérialiste qui représente en quelque sorte l'Occident dans la réserve. Le narrateur ne l'apprécie guère, mais il révise néanmoins son jugement au fil des chapitres : elle est plus sensible et intelligente qu'elle ne le parait de prime abord (p. 208).

Blonde, la trentaine, dissimulant son regard derrière d'épaisses lunettes de soleil, Sybil semble prématurément vieillie. Un dilemme intérieur la ronge : laisser sa fille vivre heureuse et sauvage, au prix d'une angoisse quotidienne et dévorante, ou rompre son bonheur en l'envoyant en pension à Nairobi, puis en Europe pour l'éduquer à l'occidentale.

Le temps passant, elle a perdu son regard émerveillé sur l'Afrique et la vie sauvage, mais elle reste au Kenya pour son mari. Elle s'est habituée à sa nouvelle condition, dont elle profite encore parfois, mais elle souffre d'endurer l'angoisse d'attendre sa fille le soir. Elle s'agrippe à tout ce qui peut lui rappeler l'Europe :

- le narrateur, qu'elle s'empresse de recevoir chez elle et qu'elle invite à prendre le thé ;
- son jardin, où elle s'obstine à cultiver des fleurs importées d'Europe ;
- Lise, sa correspondante, que le narrateur a rencontrée par hasard avant son voyage.

JOHN BULLIT

John Bullit est un homme d'une force prodigieuse, au « rire d'enfant et d'ogre » (p. 61). Il est né en Rhodésie, où son père occupait un poste important. Sa stature massive, sa souplesse et sa « crinière » rousse lui donnent des allures de fauve.

Initié à l'art de la chasse dès ses 10 ans (p. 73), John Bullit s'est forgé une réputation de redoutable braconnier dans toute l'Afrique orientale (son nom fait d'ailleurs référence aux armes à feu, *bullet* signifiant « balle » en anglais, tandis que son surnom Bull, « taureau », fait ouvertement référence à sa part animale). Son père a voulu l'envoyer en pension en Angleterre, mais John a préféré se consacrer à la chasse, avant de se marier et de se métamorphoser en devenant le gardien d'une réserve naturelle au pied du Kilimandjaro. Il est maintenant le protecteur des animaux. Ce changement, il le doit principalement à sa fille Patricia, qui ne peut supporter que des Blancs armés de fusils abattent lâchement les grands fauves pour le plaisir.

Il fait régner l'ordre dans sa réserve. Bien qu'il ne parle que le swahili comme langue indigène, il s'efforce de régler les conflits entre les différentes tribus (les Masaïs, les Wakambas, etc.) qui ont le droit de circuler sur son territoire. Il s'épanouit dans son travail et vit en harmonie avec la nature sauvage. Il aime sa femme et sa fille, mais l'avenir de cette dernière l'inquiète et trouble parfois l'entente familiale.

Après quelque temps passé à discuter dans la jungle ou

autour d'une bouteille de whisky (pour lequel il a un petit faible), il se lie d'amitié avec le narrateur.

PATRICIA BULLIT

Fillette âgée d'une dizaine d'années, Patricia est la véritable héroïne du roman. Noire de cheveux, le visage hâlé et vêtue d'une petite salopette, elle passe le plus clair de son temps en compagnie des animaux. Si elle n'est pas à proprement parler une enfant sauvage (sa mère veille à son éducation), elle a néanmoins toujours vécu dans la réserve.

À l'insu de Sybil, mais sous la surveillance discrète de Kihoro, elle rend tous les jours visite dès l'aube à son ami King, un lion majestueux qu'elle a élevé comme une mère et qui règne désormais sur la jungle. Patricia a un véritable don pour communiquer avec les animaux, si bien que les indigènes et le narrateur lui-même la comparent parfois à une sorcière. Toutes les bêtes semblent lui obéir. De même, elle connait les maitres mots de la plupart des langues indigènes et n'a aucune peine à se faire accepter par les autochtones.

Très précoce, elle a souvent des expressions d'adulte et fait preuve d'une grande maitrise d'elle-même (elle n'a pas peur de taquiner l'énorme King, elle soutient sans sourciller le regard du jeune et redoutable guerrier masaï, etc.). Elle n'en reste pas moins une fillette, espiègle et têtue à l'occasion, qui aime jouer avec les animaux et avec les humains. Elle rêve de passer sa vie dans la jungle, en compagnie de son père et de son fidèle fauve.

Elle est le lien entre tous les personnages principaux, la passerelle entre deux mondes (Occident civilisé et vie sauvage). Son avenir est la principale source de conflit chez les Bullit, ses humeurs rythment les pérégrinations du narrateur à qui elle sert de guide et ses pouvoirs fascinent autant les colons que les indigènes.

Dévastée suite à la mort de son ami le lion, elle accepte de poursuivre son éducation en pension.

LE NARRATEUR

On ignore quel est précisément son métier (« je voyage… je regarde […] C'est très amusant […]. Après, j'écris […] pour les gens qui ne peuvent pas voyager », p. 197) et s'il s'est rendu en Tanzanie pour son travail ou par plaisir. Ce voyageur, sans doute reporter, anthropologue ou romancier (sa valise est remplie de livres, p. 24), semble être un double de l'auteur. On sait peu de choses sur lui : on ne connait ni son nom ni son apparence physique. On sait juste que c'est un Parisien venu au Kenya pour découvrir la vie sauvage dans une réserve naturelle. Il cherche à renouveler son regard sur le monde au contact des animaux, des colons et des tribus indigènes.

Il est le confident privilégié des Bullit :

- Sybil voit en lui une fenêtre sur l'Europe et la civilisation ;
- John voit en lui un homme intelligent et sensible à la beauté de son propre univers, contrairement aux touristes habituels ;
- Patricia se lie très tôt d'amitié avec lui et accepte de lui dévoiler les beautés secrètes de la réserve naturelle.

Il est avant tout un observateur : même s'il est invité à participer à la vie de la réserve et s'enfonce toujours plus loin dans la jungle avec ses différents guides (John, Bogo, Patricia), il tente le plus souvent de ne pas perturber le cours naturel des choses.

Dans la seconde partie du livre, son caractère évolue : il perd sa ponctualité et son autodiscipline, et change le cours de son voyage pour suivre la gamine à la recherche d'un « bonheur où le sentiment de sécurité n'[a] plus de place » (p. 128). Il cherche à oublier l'Occidental qu'il est, à abolir sa conscience dans une saine et vivifiante communion avec la nature (p. 82-83). Il s'émerveille devant les scènes de la vie animale et les cérémonies des Masaïs. Bien qu'il ne perde pas totalement ses habitudes d'Européen (il supporte mal la chaleur, la poussière, le manque de confort, la présence menaçante de certains animaux), il finit par considérer la bonne société européenne comme une prison (p. 249) par rapport à cet éden terrestre, parfois hostile mais toujours fascinant.

KING

Parmi tous les animaux que le narrateur rencontre dans la jungle, ce lion adulte est le plus impressionnant et le seul dont on puisse dire qu'il est un personnage à part entière (surtout dans la seconde partie du livre). En effet, le récit ne cesse de le personnifier : Patricia l'élève comme un fils avant de le considérer en véritable ami (p. 103 et 131) ; John mesure sa force à la sienne comme s'il se chamaillait avec un copain (p. 185-186), et Oriounga le considère en adversaire redoutable, en rival même (vis-à-vis de Patricia), et non en vulgaire gibier (p. 237-238). Malgré sa légère domestication dans ses jeunes années, il reste pour le narrateur le symbole de la nature sauvage, celle-là même qu'il s'était juré de découvrir en venant au Kenya. C'est d'ailleurs pour rencontrer King qu'il décide de renoncer au reste de son voyage.

Alors qu'il s'oppose à Ouriounga, il est tué par John Bullit, plongeant Patricia dans une profonde tristesse.

ORIOUNGA

Oriounga appartient à la tribu des Masais. Sorti de l'adolescence mais pas encore considéré comme homme ou comme un guerrier par sa tribu, il est morane. Jadis les moranes devaient faire leurs preuves en tuant un lion, mais cette coutume n'est théoriquement plus observée.

Le narrateur semble fasciné par lui, dès leur première rencontre :

> « Quant au visage qui semblait illuminer du dedans par des reflets d'or, [...], ses vastes yeux tout brillants de langueur, tout brûlants de violence, et la masse enfin, d'un métal vivant et rouge qui le coiffait, il prenait, reposant sur un bras nu, noir et plongé à demi, la tendresse du sommeil et la cruauté d'un masque. » (première partie, chapitre II)

C'est sur Patricia que le jeune Masai a des vues, mais il voit en King, non pas un simple félin mais un rival. D'ailleurs la rencontre entre les deux est houleuse : « Le morane avait disparu depuis longtemps dans la brousse que le grand lion

tremblait encore de fureur. » (seconde partie, chapitre X)
L'affrontement final a finalement lieu ; le lion est tué par
John Bullit, tandis qu'Oriounga grièvement blessé finira lui
aussi par s'éteindre.

KIHORO

Le personnage de Kihoro est présenté assez rapidement,
lorsque Sybil invite le narrateur à prendre le thé. Sa description physique n'est pas flatteuse : il est « âgé », « ridé »,
« borgne », « plié, cassé sur des hanches difformes ». Dans
un premier temps, c'est d'ailleurs uniquement cet aspect
que retiendra le narrateur.

Il possède un rôle particulier pour chaque personnage :

- pour Sybil, il « s'occupe de Patricia », comme une nour-
  rice : « Il a vu naître la petite. Elle l'aime beaucoup. Il m'a
  averti qu'il vient de lui apporter son petit-déjeuner. »
  (première partie, chapitre IV) ;
- pour John Bullit, il est le garde du corps de Patricia, celui
  qui la suit et la surveille à son insu à chacune de ses
  escapades ;
- Pour Patricia, c'est un ami et homme de confiance : « Il
  est le meilleur pisteur, traqueur, et tireur de ce parc. Et il
  le connait mieux que personne. Et il est à moi. » (second
  partie, chapitre I) C'est pourtant avec l'arme de Kihoro,
  que John Bullit, abat King. Patricia, se rendant compte
  qu'elle était suivie tout ce temps par cette seconde figure
  paternelle, se sent doublement trahie.

D'une certaine façon, malgré sa vaillance et sa loyauté, le

personnage de Kihoro représente tous les non-dits de la famille Bullit.

CLÉS DE LECTURE

VIE SAUVAGE *VERSUS* CIVILISATION

Dans *Le Lion*, Joseph Kessel oppose systématiquement, par la voix du narrateur, deux univers, la vie sauvage et la civilisation, auxquels des valeurs différentes sont attachées :

- d'une part, la nature luxuriante, l'inconfort et le danger, l'aventure, l'absence de règles, et l'impression d'un monde plus pur et plus vivant (p 15 et 31) ;
- d'autre part, le décor froid et gris des villes, le confort, la sécurité, l'ennui, les règles de la bonne société et l'impression d'un univers morne et banal (p. 249).

Cette opposition structure le récit au niveau des personnages et des lieux, et est à la base du découpage du roman en deux parties. Les personnages peuvent être classés selon leur degré de civilisation. Du plus « civilisé » au plus « sauvage », nous avons : Lise Darbois, Sybil Bullit, le narrateur, Bogo, John Bullit, les rangers, Patricia, les Masaïs (dont Oriounga) et les animaux (dont King). En comparant les deux sections du texte, on remarque que les personnages occidentalisés perdent de l'importance (Lise, Sybil) au profit des « sauvages » (Oriounga, King, Patricia).

Ce choc entre deux systèmes de valeurs est au centre des querelles qui déchirent la famille Bullit. En effet, une question pèse sur tout le roman : quel avenir réserver à Patricia ? Le narrateur est pris à partie par Sybil et John qui tentent tous deux de défendre leur point de vue. Ils semblent incapables de se résoudre à déloger leur fille de son petit paradis terrestre, mais pressentent que c'est finalement la seule issue possible.

Cependant, le narrateur prend ouvertement parti pour la vie sauvage tout au long du livre : il apprécie beaucoup plus la compagnie de Patricia et de John que celle de Sybil (au chapitre III de la seconde partie, il se montre très peu intéressé par son album photo de jeunesse en Europe, mais s'intéresse vivement aux clichés de King pris par John).

Les lieux sont également répartis selon cet axe vie sauvage/civilisation. Si on retrace le parcours du narrateur, on remarque que, globalement, il s'éloigne de plus en plus de la civilisation. Venu de Paris, il fait escale à Nairobi, est invité dans la demeure coloniale des Bullit, rentre régulièrement au camp, passe par le village nègre, suit les sentiers balisés de la réserve, puis s'enfonce dans la savane où il rencontre les Masaïs et King. Sa trajectoire n'est pas toujours aussi rectiligne puisqu'il retourne chaque soir au camp, mais, à l'échelle du roman, il s'aventure dans des contrées de plus en plus sauvages.

Seuls le premier et le dernier chapitre échappent à cette règle. En effet, au début du récit, le narrateur s'aventure déjà relativement loin dans la réserve lorsqu'il rencontre Patricia, comme si ce premier chapitre préfigurait sa trajectoire. En revanche, à la fin de la seconde partie, le narrateur et Patricia quittent brutalement la réserve et font route vers Nairobi.

LE RACISME

Le Lion parait en 1958, en plein contexte de décolonisation. Si le Kenya ne devient indépendant qu'en 1963, les mouvements de libération se multiplient depuis le milieu des années vingt. En 1925, Jomo Kenyatta (1893-1978), le futur président de la République, prend la tête du mouvement nationaliste et réclame l'indépendance vis-à-vis de l'Angleterre. Dans les années cinquante, les Kikuyus (la principale ethnie kenyane) se rebellent au cours de ce que l'on a appelé la révolte des Mau-mau et réclament la libération de Kenyatta, qui avait été emprisonné.

Dans le livre, l'auteur confronte différentes visions du monde :

- Sybil Bullit adopte clairement un point de vue raciste et eurocentriste. Elle reste méfiante, voire méprisante à l'égard des indigènes qu'elle considère comme inférieurs. Les Masaïs, par exemple, ne sont pour elle que des « fous furieux » (p. 227) sanguinaires vivant dans la misère ;
- John Bullit, malgré sa relative intégration aux populations locales, ne peut se défaire d'une certaine méfiance (il emporte son fouet quand il se rend au village nègre), d'un paternalisme condescendant face aux Noirs (« Il y avait dans ses yeux toutes les certitudes que m'avaient tant de fois exprimées les vieux colons et leurs fils : l'excellence naturelle des races blanches, l'infériorité des peuples-enfants qui n'estiment et n'aiment que la force », p. 66) ;
- le narrateur, quant à lui, témoigne d'une plus grande

ouverture d'esprit. Bien qu'il garde certains préjugés (notamment à l'égard de la bouse dont les Masaïs se servent pour édifier leur campement, p. 152-153), il tente d'apprécier les qualités des peuples qu'il rencontre, si bien que certaines pages du roman (celles consacrées à la description des Masaïs) relèvent quasiment de l'anthropologie. L'auteur (par la voix du narrateur) témoigne d'un certain relativisme face aux autres cultures, traditionnellement considérées comme inférieures en Angleterre ;

- Patricia est la seule à s'être parfaitement intégrée aux tribus indigènes. Sa double identité (blanche et sauvage) fait d'elle une passerelle entre colons et autochtones. Elle n'établit aucune hiérarchie entre Noirs et Blancs, ni entre hommes et animaux.

Le racisme n'est toutefois pas l'apanage des Blancs. Certaines tribus indigènes ne se supportent pas entre elles. Ainsi, les Wakambas (Kihoro) détestent les Masaïs (Oriounga), qui eux-mêmes méprisent les Kikouyous (Bogo et certains rangers, p. 150). Les indigènes se montrent également distants à l'égard des Occidentaux : ils se contentent de les servir en silence.

Tous ces points de vue obligent le lecteur à se faire sa propre opinion. Il est cependant invité à adopter celle du narrateur qui ne cesse de poser différents jugements de valeur globalement favorables aux Noirs. Ce livre met donc en avant la tolérance, et préconise le dialogue pour limiter le choc entre Occident civilisé et cultures traditionnelles (c'est bien le sens de la médiation de John dans le conflit entre les Wakambas et les Masaïs à propos du vol de bétail ; c'est aussi le sens de l'invitation des Bullit aux cérémonies des Masaïs).

Le lecteur contemporain peut cependant émettre quelques réserves :

- Oriounga est le seul personnage de couleur qui soit véritablement personnalisé. Les autres semblent appartenir à une masse indistincte, passive, soumise et incapable d'évoluer, à l'inverse des Blancs ;
- le roman ne cesse de situer, indirectement, les indigènes à mi-chemin entre les Blancs et l'animal : le rire des rangers est « puéril et barbare » (p. 173), Kihoro est comparé par Patricia à « un malheureux singe enfermé dans une boîte » (p. 118) et, si le narrateur ne partage pas les idées de John Bullit sur la supériorité des Blancs, il considère quand même que la présence d'un colon est justifiée (p. 66).

Plus généralement, il semble que le narrateur soit le seul capable de prendre du recul par rapport au choc entre les cultures. Son point de vue, présenté comme synthétique (il comprend à la fois John, Patricia et Sybil), prétend à l'universalité. Or il s'agit d'un livre écrit par un Blanc pour les Blancs : n'est-ce pas la marque d'un certain racisme que de présenter un regard eurocentriste, aussi généreux soit-il, comme universel ?

UNE FAMILLE AU BORD DE L'IMPLOSION

Si *Le Lion* est une histoire d'amitié exceptionnelle entre une petite fille et un lion, c'est aussi l'histoire d'une famille en apparence soudée mais en réalité au bord de l'implosion.

Dans la famille Bullit, il semble exister deux camps distincts : Patricia et son père John Bullit, contre la mère, Sybil Bullit. Les deux premiers ont en commun cet amour pour la terre du Kenya et surtout cette complicité avec King. La seconde en revanche est un personnage profondément mélancolique, terrifié des dangers que pourrait rencontrer sa fille et de la voir rater son éducation.

Patricia, qui devient peu à peu une adolescente, témoigne de cette opposition. Lorsqu'elle accuse le narrateur d'être du côté de sa mère, sa hargne est palpable : « Vous parlez comme maman, cria-t-elle. Êtes-vous son ami ou le mien ? » (seconde partie, chapitre XI). Son refus de voir sa mère s'approcher du lionceau est significatif de cette querelle.

Quant à John Bullit, il est profondément attaché à sa femme, mais encore plus à sa fille. Il commet néanmoins une grave erreur en la faisant suivre par Kihoro. Il aurait en effet dû savoir que la faire suivre serait perçu comme un manque de confiance en son pouvoir envers les êtres qui peuplent le parc. Lorsqu'elle le découvre, elle éprouve de la colère vis-à-vis de son père et considère son acte comme une trahison.

LE LION, UN SYMBOLE ?

D'un point de vue historique, étant donné le contexte de décolonisation dans lequel s'inscrit l'œuvre, il est difficile de ne pas voir un rapprochement entre le lion et un certain Kenya. Plusieurs interprétations, parfois contradictoires, sont possibles :

- la mort du lion symboliserait la fin d'un Kenya sauvage,

déjà gagné par le tourisme occidental et soumis à certaines règles modernes (les Masaïs sont désormais obligés de se préoccuper d'écologie et doivent renoncer à chasser le lion) ;
* le nom du lion (King) fait peut-être référence à la couronne britannique. Sa mort symboliserait la fin de la tutelle anglaise sur le pays. Le roman de Kessel anticiperait alors l'indépendance du Kenya ;
* l'assassinat du lion (symbole de liberté) par John Bullit peut aussi faire référence à la répression par les Anglais du mouvement nationaliste kenyan.

Les symboliques du lion sont donc multiples et font de ce roman une œuvre particulièrement riche que chacun peut interpréter comme il le souhaite.

PISTES DE RÉFLEXION

QUELQUES QUESTIONS POUR APPROFONDIR SA RÉFLEXION...

- Peut-on dire que King est un personnage à part entière ? Justifiez.
- Ces deux univers, vie sauvage et civilisation, sont-ils présentés de manière aussi positive l'un que l'autre ?
- Expliquez comment l'opposition entre vie sauvage et civilisation structure l'ensemble du récit.
- Le caractère du narrateur reste-t-il le même tout au long du récit ? Expliquez.
- Confrontez la vision que se font Sybil, John, le narrateur et Patricia du monde sauvage.
- Quel personnage transmet la vision de l'auteur ? Justifiez votre réponse.
- Qualifieriez-vous l'ouvrage de Kessel de raciste ? Pourquoi ?
- Que pourrait symboliser le lion ?
- Selon vous, qui est le véritable héros de l'œuvre ? King, le narrateur ou Patricia ? Justifiez votre réponse.
- Peut-on qualifier *Le Lion* de roman d'aventures ? Justifiez votre réponse.

Votre avis nous intéresse !
Laissez un commentaire sur le site de votre librairie en ligne
et partagez vos coups de cœur sur les réseaux sociaux !

POUR ALLER PLUS LOIN

ÉDITION DE RÉFÉRENCE

- KESSEL J., *Le Lion*, Paris, Gallimard, coll. « Folio », 1958.

ÉTUDE DE RÉFÉRENCE

- OSWALD T., « *Le Lion* de Joseph Kessel, roman éthologique, roman ethnologique », in *Roman 20-50*, n° 45, p. 123-134, http://www.cairn.info/revue-roman2050-2008-1-page-123.htm

ADAPTATIONS

- *Le Lion*, film de Jack Cardiff, avec William Holden, Capucine et Trevor Howard, États-Unis, 1962.
- *Le Lion*, téléfilm de José Pinheiro, avec Alain Delon, Anouchka Delon et Ornella Muti, France, 2003.

SUR LEPETITLITTÉRAIRE.FR

- Questionnaire de lecture sur *Le Lion*.

Retrouvez notre offre complète sur lePetitLittéraire.fr

- des fiches de lectures
- des commentaires littéraires
- des questionnaires de lecture
- des résumés

ANOUILH
- Antigone

AUSTEN
- Orgueil et Préjugés

BALZAC
- Eugénie Grandet
- Le Père Goriot
- Illusions perdues

BARJAVEL
- La Nuit des temps

BEAUMARCHAIS
- Le Mariage de Figaro

BECKETT
- En attendant Godot

BRETON
- Nadja

CAMUS
- La Peste
- Les Justes
- L'Étranger

CARRÈRE
- Limonov

CÉLINE
- Voyage au bout de la nuit

CERVANTÈS
- Don Quichotte de la Manche

CHATEAUBRIAND
- Mémoires d'outre-tombe

CHODERLOS DE LACLOS
- Les Liaisons dangereuses

CHRÉTIEN DE TROYES
- Yvain ou le Chevalier au lion

CHRISTIE
- Dix Petits Nègres

CLAUDEL
- La Petite Fille de Monsieur Linh
- Le Rapport de Brodeck

COELHO
- L'Alchimiste

CONAN DOYLE
- Le Chien des Baskerville

DAI SIJIE
- Balzac et la Petite Tailleuse chinoise

DE GAULLE
- Mémoires de guerre III Le Salut, 1944-1946

DE VIGAN
- No et moi

DICKER
- La Vérité sur l'affaire Harry Quebert

DIDEROT
- Supplément au Voyage de Bougainville

DUMAS
- Les Trois
  Mousquetaires

ÉNARD
- Parlez-leur
  de batailles,
  de rois et
  d'éléphants

FERRARI
- Le Sermon sur la
  chute de Rome

FLAUBERT
- Madame Bovary

FRANK
- Journal
  d'Anne Frank

FRED VARGAS
- Pars vite et
  reviens tard

GARY
- La Vie devant soi

GAUDÉ
- La Mort du
  roi Tsongor
- Le Soleil des
  Scorta

GAUTIER
- La Morte
  amoureuse
- Le Capitaine
  Fracasse

GAVALDA
- 35 kilos d'espoir

GIDE
- Les
  Faux-Monnayeurs

GIONO
- Le Grand
  Troupeau
- Le Hussard
  sur le toit

GIRAUDOUX
- La guerre de
  Troie
  n'aura pas lieu

GOLDING
- Sa Majesté des
  Mouches

GRIMBERT
- Un secret

HEMINGWAY
- Le Vieil Homme
  et la Mer

HESSEL
- Indignez-vous !

HOMÈRE
- L'Odyssée

HUGO
- Le Dernier Jour
  d'un condamné
- Les Misérables
- Notre-Dame
  de Paris

HUXLEY
- Le Meilleur
  des mondes

IONESCO
- Rhinocéros
- La Cantatrice
  chauve

JARY
- Ubu roi

JENNI
- L'Art français
  de la guerre

JOFFO
- Un sac de billes

KAFKA
- La Métamorphose

KEROUAC
- Sur la route

KESSEL
- Le Lion

LARSSON
- Millenium I. Les
  hommes qui
  n'aimaient pas
  les femmes

LE CLÉZIO
- Mondo

LEVI
- Si c'est un
  homme

LEVY
- Et si c'était vrai…

MAALOUF
- Léon l'Africain

MALRAUX
- La Condition humaine

MARIVAUX
- La Double Inconstance
- Le Jeu de l'amour et du hasard

MARTINEZ
- Du domaine des murmures

MAUPASSANT
- Boule de suif
- Le Horla
- Une vie

MAURIAC
- Le Nœud de vipères

MAURIAC
- Le Sagouin

MÉRIMÉE
- Tamango
- Colomba

MERLE
- La mort est mon métier

MOLIÈRE
- Le Misanthrope
- L'Avare
- Le Bourgeois gentilhomme

MONTAIGNE
- Essais

MORPURGO
- Le Roi Arthur

MUSSET
- Lorenzaccio

MUSSO
- Que serais-je sans toi ?

NOTHOMB
- Stupeur et Tremblements

ORWELL
- La Ferme des animaux
- 1984

PAGNOL
- La Gloire de mon père

PANCOL
- Les Yeux jaunes des crocodiles

PASCAL
- Pensées

PENNAC
- Au bonheur des ogres

POE
- La Chute de la maison Usher

PROUST
- Du côté de chez Swann

QUENEAU
- Zazie dans le métro

QUIGNARD
- Tous les matins du monde

RABELAIS
- Gargantua

RACINE
- Andromaque
- Britannicus
- Phèdre

ROUSSEAU
- Confessions

ROSTAND
- Cyrano de Bergerac

ROWLING
- Harry Potter à l'école des sorciers

SAINT-EXUPÉRY
- Le Petit Prince
- Vol de nuit

SARTRE
- Huis clos
- La Nausée
- Les Mouches

SCHLINK
- Le Liseur

SCHMITT
- La Part de l'autre
- Oscar et la
  Dame rose

SEPULVEDA
- Le Vieux qui
  lisait des romans
  d'amour

SHAKESPEARE
- Roméo et Juliette

SIMENON
- Le Chien jaune

STEEMAN
- L'Assassin
  habite au 21

STEINBECK
- Des souris et
  des hommes

STENDHAL
- Le Rouge et
  le Noir

STEVENSON
- L'Île au trésor

SÜSKIND
- Le Parfum

TOLSTOÏ
- Anna Karénine

TOURNIER
- Vendredi ou
  la Vie sauvage

TOUSSAINT
- Fuir

UHLMAN
- L'Ami retrouvé

VERNE
- Le Tour
  du monde
  en 80 jours
- Vingt mille
  lieues sous
  les mers
- Voyage au
  centre de
  la terre

VIAN
- L'Écume des jours

VOLTAIRE
- Candide

WELLS
- La Guerre des
  mondes

YOURCENAR
- Mémoires
  d'Hadrien

ZOLA
- Au bonheur
  des dames
- L'Assommoir
- Germinal

ZWEIG
- Le Joueur
  d'échecs

ISBN version numérique : 978-2-8062-9204-9
ISBN version papier : 978-2-8062-9205-6
Dépôt légal : D/2016/12603/925

Avec la collaboration de Célia Ramain pour l'analyse des personnages d'Oriounga et de Kihoro ainsi que pour le chapitre « Une famille au bord de l'implosion »

Conception numérique : Primento,
le partenaire numérique des éditeurs.

Ce titre a été réalisé avec le soutien de la Fédération Wallonie-Bruxelles, Service général des Lettres et du Livre.